Edition Schott

Cello Library · Cello-Bibliothek

Jean Baptiste Bréval
1756 – 1825

Sonate

for Violoncello and Piano
für Violoncello und Klavier

C major / C-Dur / Ut majeur

Arranged by / Arrangiert von
Joachim Stutschewsky

CB 21
ISMN 979-0-001-01681-0

www.schott-music.com

Mainz · London · Berlin · Madrid · New York · Paris · Prague · Tokyo · Toronto
© 1929 SCHOTT MUSIC GmbH & Co. KG, Mainz · © renewed 1949 SCHOTT MUSIC Ltd, London · Printed in Germany

Zeichenerklärung

Explication des Signes / Explanation of the Signs

A. Einfache Zeichen | Signes simples | Simple Signs

Bindebogen = **Legato** (von legare = verbinden)

Liaison = **Legato** (de legare = lier)

The slur = **Legato** (from legarte = to bind)

Längezeichen = **Tenuto** (gehalten) = **Détaché** für einen besonders gedehnten Bogenstrich

Signe d'allongement = **Tenuto** (tenu) = **Détaché**, pour indiquer un coup d'archet particulièrement allongé

Sign for long strokes = **Tenuto** (held) = **Détaché** indicating especially broad bowing

---

Kürzezeichen = **Staccato** (von staccare = losmachen, abbrechen) für den liegenden, kurzen Strich

Signe de brièveté = **Staccato** (de staccare = détacher, rompre) pour indiquer un coup d'archet *court et posé*

Sign for short strokes = **Staccato** (from staccare = to detach, to break off) for the short stroke with *the bow remaining on the string*

Kürzezeichen für Verkürzung der Note durch Aufheben des Bogens

Signe de brièveté pour indiquer que l'on abrège la note en soulevant l'archet

Sign for shortening a note by lifting the bow

> (*sfz*) Betonungszeichen = **Akzent** (von accantare = zusingen, betonen) für eine scharfe Betonung zu Beginn jeder Note, bewirkt auch einen plötzlichen Druck des Bogens auf die Saite mit sofortigem Nachlassen

Signe d'accentuation = Accent (de accantare = accentuer) pour indiquer un accent marqué au début de chaque note, „produit par une pression subite, immédiatement interrompue, de l'archet sur la corde"

Sign of accentuation = accent (from accantare = to sing to, to accentuate) for a sharp accentuation at the beginning of each note, effected by a sudden pressure of the bow upon the string, followed by immediate relaxation

B. Kombinierte Zeichen | Signes combinés | Combined Signs

für breiten Strich mit anschließender kurzer Pause

pour indiquer un coup d'archet allongé suivi d'une courte pause

for the broad stroke followed by a short rest

---

für geworfenen Strich = **Spiccato**

pour indiquer le coup d'archet jeté = **Spiccato** (jeté)

for thrown bow = **Spiccato**

---

für springenden Strich = **Sautillé**

pour indiquer le coup d'archet rebondissant = **Sautillé**

for spring bow = **Sautillé**

---

für breites Detaché auf einem Bogen

pour indiquer un *détaché large* sur une longueur d'archet

indicates *broad Détaché* in one bow

---

für festes Staccato auf einem Bogen

pour indiquer un *staccato appuyé* sur une longueur d'archet

indicates *firm Staccato* (staccato serioso) in one bow

---

für Sautillé-Arpeggio

pour indiquer un *arpège en sautillé*

indicates *Sautillé-Arpeggio*

C. Die übrigen Zeichen | Les autres Signes | The remaining Signs

aufwärts / abwärts — Zwischen zwei Noten leicht gleiten („glissando")

en montant / en descendant — Glisser légèrement d'une note à la suivante („glissando")

ascending / descending — Glide lightly between two notes („glissando")

Zwischen zwei Noten Finger strecken (ohne glissando)

Exécuter les deux notes en déplaçant le doigt (*sans* glissando)

Stretch the fingers between two notes (*without* glissando)

Einen oder mehrere Finger gleichzeitig auf zwei, drei oder vier Saiten aufsetzen

Poser un ou plusieurs doigts *simultanément* sur deux, trois ou quatre cordes

Place one or more fingers *simultaneously* upon two, three or four strings

---

Der betreffende Finger bleibt liegen

Le doigt reste posé

The respective finger remains set

- Fr. (Frosch) unteres Drittel des Bogens — (Talon) Tiers inférieur de l'archet — (Nut) lower third of the bow
- M. (Mitte) mittleres Drittel des Bogens — (Milieu) Tiers du milieu de l'archet — (Middle) middle third of the bow
- Sp. (Spitze) oberes Drittel des Bogens — (Pointe) Tiers supérieur de l'archet — (Point or Tip) upper third of the bow
- O. H. obere Hälfte des Bogens — Moitié supérieure de l'archet — upper half of the bow
- u. H. untere Hälfte des Bogens — Moitié inférieure de l'archet — lower half of the bow
- g. B. ganzer Bogen — Tout l'archet — whole bow

Sonate

C-Dur / Ut majeur / C major

Arrangiert von Joachim Stutschewsky

Jean Baptiste Bréval

Allegro

© 1929 Schott Music GmbH & Co. KG, Mainz
© renewed 1949 Schott Music Ltd, London

Das widerrechtliche Kopieren von Noten ist gesetzlich verboten und kann privat- und strafrechtlich verfolgt werden.
Unauthorised copying of music is forbidden by law, and may result in criminal or civil action.

Rondo grazioso

Schott Music, Mainz 32 488

Violoncello

Sonate

C-Dur / Ut majeur / C major

Arrangiert von Joachim Stutschewsky

Jean Baptiste Bréval
1756~1825

*) Zeichen-Erklärung siehe Klavierstimme | *) *Explication des Signes voir Partie de Piano* | *) Explanation of the Signs see Piano Part

© 1929 Schott Music GmbH & Co. KG, Mainz
© renewed 1949 Schott Music Ltd, London

Printed in Germany

CB 21

Das widerrechtliche Kopieren von Noten ist gesetzlich verboten und kann privat- und strafrechtlich verfolgt werden.
Unauthorised copying of music is forbidden by law, and may result in criminal or civil action.

Rondo grazioso

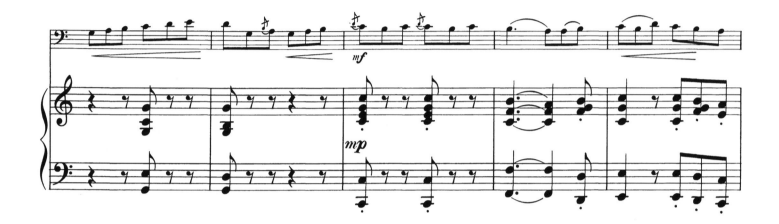